JN439992

뻐꾸기의

곡비

哭婢

목차

올리는 말씀

인생살이 칠부 능선에 올라서 보니
삶이 무엇인지 조금은 알것 같습니다.

푸른 잎도 낙엽이 되어 한철 살다 가고
우리네 인생도 한세상 살다 가는 것이기에
떨어지는 낙엽을 보면서 우리의 죽음을 예감해 봅니다.

술잔은 비워야 채워지고
마음도 비워야 행복해지거늘
앞서고 뒤설 뿐이지 누구나 가야 할 인생길!

그대는 술보다 도수 높은
얼큰한 삶에 취해본 적이 있는지요

필자는 시인도 과학자도 철학자도 아닙니다
그렇다 하여 예술가도 신비주의자도 아닙니다
다만 기막히게 행복해야 할 우리가 환장하게 불행한 것은
경제높이 만큼이나 우리의 짐도 높아졌기 때문입니다.

이 시집을 암으로 투병 중인 환우들과
불치, 난치병으로 어려움을 겪고 있는 분들과 그의 가족들
그리고 세상살이하다 마음을 다친 모든 이들에게
조심스럽게 올려봅니다.

그림자가 드나드는 것은
가까이에 빛이 있음을 잊지 말아야 할 것이고

인생이라는
영원한 숙제 앞에
조금씩 익어가는 자신의 모습을 보면서 삶의 변화를 즐기고

인생은

그 삶의 그릇과 같으니

행복이나 가득 담아가자고

세상과 한바탕 흙바람 춤을 추며

구름 나그네의 손을 살며시 잡아봅니다.

기막히게 행복하소서!

瑞浩 金成南 올림

민들레

바람이 보낸
생명의 다년생 초본

보도블록 틈 사이로
고개를 내민 앉은뱅이 민들레

모진
비바람 속에서도
생명은 이다지도 모진 것인가

어둠 속에
빛이 있어 보잘것없는
곳에서도 기어코 살아 있으니

가던 길
다시금 뒤돌아보게 하는
노오란 민들레 꽃

덧없이
살아서 웃는 네 모습이

나 지금 살아있어
너무너무 행복하다고

삶이 고달픈 만큼
기쁨 또한 더욱 크다고

마음껏 느끼고 뽐내며
그냥 한세상 순하게 살다가 가니

너도 영혼 하나
곱게 물 들이며 살다가

훗날 우리 천국에서 다시 만나자 하네.

새벽비

새
벽
비
소리는 모두를 깨우고

새
벽
비
소리를 들으면
엄마의 포근한 가슴속이 그리워지네

새
벽
비
소리를 들으면
엄마의 자장가 소리가 밀려 들어오니

새

벽

비

소리는 자연(自然)이 주는

가장 큰 선물이구려

천산(天山)에 내리는 새벽비!

미

명(未明)부터 시작한

새벽비는 여명(黎明)을 열고

이

포근함이 깨질세라 눈을 뜰 수가 없구려!

무념無念

점유된 마음
악마의 소굴 속에서
내-- 지루한
늙어진 하루가 간다

벗어라!!

하여 아무것도 없는 주머니로
지금을 살다 가자

나체와 하늘과
과와 과속의 탐욕이
도둑질 되고야 비로소 라신(裸身) 하나
그 텅 빈 두개골 자연에 포개게 되리-

아!!
이렇게 가고
그렇게 사는 것을,

나태한 죽염 속의 기상이여!
가장 오래된 원시인으로
인격 없는 삶에 내 던지고 싶다.

이 또한 존재하지 않을
무념에서의 삶을 사는
아!!
워--
워--

아내

나는
오늘 팔불출이다
잠자는 아내의 얼굴을 보니

한 송이
꽃으로 보인다
세상 어디에도 없는 들꽃처럼

타고난
순수한 마음과
날개 없는 천사의 모습

그대가
없는 나는 하나요

내가
없는 그대도 하나요

하여!
우리는 영원한 둘인 것을

변하지 않는
순순한 영혼의 당신이기에

아무래도 나는
아내가 곁에 있어야 할 것 같구나!

소풍길

이른 봄
흙에 와서 흙에 살다
빈손 쥐고 흙으로 가신 어머니!

지상에 맺은 인연 뿌리치고
거미줄에 바람 스치듯 그렇게 가시나요

불효자 서글픔에
두 손 들어 하늘 향해 울부짖네

하늘에 문이 열려 있나이다
어서 승천하시어 천상(天上)행복 누리소서~

불효자의 울부짖음을
하늘도 알아들었는지

호랑나비 손등에 앉아
날갯짓으로 답하는구려
불효자 가슴이 메어 또 목 놓아 울부짖네

호랑나비로 환생하셨나이까~
생각만 해도 가슴이 따뜻해지는 어머니!

백지 위에 피눈물로
당신의 따뜻한 발자국을 그리며

거센 비바람과
눈보라가 휘몰아치는 날
당신이 사무치게 그리워지리

어머니!
가시는 소풍길은 어떠하신지요!

수수께끼

어
데
론
가
가고픈 마음

떠날 곳 없어 방황하고

웃
고
있어도

이유 없이 눈물만 흐르네

그
립
다
그리운 사랑

인간관계 수수께끼

내
마
음
갈 곳을 잃어

우표 없는 편지를 보내니

님이시여 오늘도 넉넉한 사랑 나누소서!

뻐꾸기의 곡비哭婢

영혼(靈魂)을 달래주는
서글픈 곡(哭)소리는 산정(山頂)에 울려 퍼지고

뻐꾹~ 뻐꾹,
기절 할 듯 울어주는 우리의 곡비(哭婢)여!

남의 둥지에
알을 낳고 홀연히 떠나가는 너

둥지 안에서는
탁란(托卵)의 반란(反亂)이 시작되었네

밤낮없이
새로운 영혼(靈魂)이 태어나고

이 세상
슬픈 눈물은 식을줄 모르니

너의 삶이
인간 세상사와 다를바 없구나

남겨진 이 들의
상처를 어루 만지고
가장 가슴 아프고 애절하게

죽은 영혼(靈魂)의
한(恨)을 풀어주는 곡비(哭婢)여!!

양부모(養父母) 보호 아래
세월(歲月)은 흘러 푸른 창공(蒼空)을 날고

기른 정 저 버리고
낳은 정 찾아 홀연히 떠나가는 너

너에 곡(哭)소리는 여전히 오늘도 슬프구나

오늘은 무엇이 그리 슬퍼
선영(先塋) 무덤가에서

뻐꾹~ 뻐꾹
애절한 곡(哭)을 들려주는가

지난날
기른 정이 그리워 우는 것인지
낳은 정에 가슴앓이 인지 알수 없으나

애절한 슬픔에
내면 깊숙이 내린 눈물이
천산(天山)에 둥근달 떨어져 가리….

인생복권

한 잔술에
고달픔을 달래주고
지나던 길 동공을 여미는 복권방

살 때마다
꿈꾸었던 일등은
매번 허탈함에 젖어들고

확률이야
벼락 맞을 만큼
희박하다는 복권 아닌가?

이래저래
부족함이 많은 인생
세상 여자들 중에 예쁘고 착한 아내를 만나

아들딸 낳고
행복한 가정을 이루었으니

벼락 맞을 확률보다 수천 배
기막힌 행운 벼락을 맞은 게 아닌가?

그
대
여

행운이 함께하는 행복한 나날이 되소서…….

저승사자

여
보
소
흑기사 양반!

내
갈
길
재촉하지 마소

잠
시
라지만
이승에 맺은 정

이
또
한
정 아니겠소

작별 인사 원치 않으니

마

누

라

손길 한번 스치도록 해 주구려…….

비바람

거센
비바람에
나뭇가지 부러지고

떨어진
나뭇가지
찾는 이 하나 없네

역마살로
살아온 인생
뒤돌아보니 외로운 나그넷길!

멍든
이 가슴에
까닭 없이 눈물이 흐르고

흐르는 눈물은
계곡이 되어 강을 이루니

강을 따라
철새가 날으고
지평선 너머로 노을이 스며드네

마음속 깊이
스미는 비바람 소리는

내 마음이 아니라
그대의 마음이 아닐는지!

조문弔問

희로애락의 나그넷길!

구름은 저편
산마루를 넘나들고

문상객으로
영정사진 앞에
숙연한 표정으로 잠시 머물고 보니

한 사람을
보내는 의식은
참으로 간단 하구나

나도
긴긴 잠이 들 날
그리 멀지 않았으니

언젠가는
영정사진의
주인공이 될 것이고

사람들은
내 영정사진 앞에
잠시 머물다 제 갈 길 찾아가겠지

목숨의
처음과 끝은
혼자라는 것이기에

그것을 아는 자
한 송이 들꽃처럼
가벼운 마음으로 살아야 하지 않을까?

권위의식權威意識의 종말

권위의식(權威意識)에 젖어드니
교만(驕慢)이 하늘을 찌르고
소통도 부끄러움도 배려도 없구나

들에 핀 코스모스 꽃줄기도
진흙 속에 뿌리내린 연꽃의 줄기도
여리고 가녀린 몸으로 강한 비바람 속에

한 송이의
어여쁜 꽃을 피우지 않는가
이는 자연(自然)이 주는 훌륭한 가르침이다

인간으로 태어나
신분(身分) 하나로 권위의식(權威意識)을 앞세워
오만방자(傲慢放恣)함이 하늘을 분노케 하니

하늘은 벼락을 내려
고목(古木)나무를 부러트리고
부러진 고목나무는 아무도 쳐다보는 이 없네

새 소리에 까마귀 울음 썩이고
무기력과 좌절감
내면 깊숙이 불안이 머물고 있으니

자신이 지닌 부정적 감정을
약자에게 던져 버리는 갑질의 본능
어차피 인생(人生)살이는 본디 거품과 같은 것!

꿈에서 깨어보니
그 몸뚱이 땅바닥에 나 뒹굴고
스쳐 가는 나그네 발에 힘없이 걷어차이니

이것이 인생(人生)이요
자연(自然)의 순리(順理)인 것을
그것을 아는 자 슬기롭게 다시 태어나소서……

휠링의 교향곡

인생은 태어나서
죽음을 맞이하는 순간까지

흙 위에서
기나긴 여정을 떠나게 되거늘

희로애락이
조금씩 쌓여 가슴속 추억으로 남고

쉰 하고도
칠부 능선에 다다른
친구들의 동행이 가슴을 설레이게 하네

하늘이 눈에 들고
시원한 바람이 불어오고

달리는 차창 밖
들판에 금빛 물결이 춤을 추고

세상살이 지쳤던 마음
시원한 바람이 되어버리니

물소리에도
흘러간 세월이 스쳐 가고

바람 소리에도
삶에 고뇌가 드리우네

광안리
네온사인은

야외 음악당을
형용할 수 없는 빛으로 물들이고

시간의 흐름을
흙에 묻어 버렸으니
흥겨움에 어깨춤은
또 하나의 획을 그으며
추억은 새록새록 쌓여만 가네

곳간에 금덩어리
쌓아 놓은들 무엇하리

추억이 없으니
불쌍한 인생이 아니던가

인생의 종착역에서는
모두가 내려야 하고

시간의 그림자는 흘러
어둠 속으로 묻혀 버리니

미지를 향한
갈증 같은 설레임으로

나를 만나러
한 번쯤 먼 길 여행을 떠나 보는 것도 좋으리……

아들에게

아장아장 걷던 모습
그때가 엊그제 같은데

어느새 미루나무처럼
늠름한 모습을 갖추었구나

이제 너만의
독특한 빛깔과 향기를 품었으니

앞으로
넘어야 할 험난한 인생길에
지금의 가슴앓이와 시련이 밑 거름이 되어

흐르는
세월따라 알찬 결실을 맺어가는
보람과 기쁨 넘치는 한 생을 살아가렴

말은 없어도
그냥 그 눈빛으로 찡하게 통하는 너와 나

가장 낮은 곳에서
모든 골짜기의 물을 모으듯

세상이라는
너른 바다를 두려워 말고 힘차게 나아가렴

이제 내 머리에
흰 서리 내려도 의젓한 너의 모습에 아무 걱정이 없구나!

꽃 중의 꽃

나에게
아름다운 꽃 한 송이 있네
세상 어느 꽃보다 아름다운 꽃

늘 가슴속에
미소를 머금은 꽃
하늘 아래 가장 눈부시고 사랑스러운 꽃

이 넓은 세상에
나에 유전자를 갖은
오직 하나뿐인 나에 딸. 아가!

비가 오고
눈이 오고 바람이 불면
아가가 눈에 밟혀 잠들 수가 없구나

아가가 늦은 밤에 들어올 때면
엄마는 걱정하는 말을 하지만

아빠는 발자국 소리에
귀를 쫑긋 세워 자꾸만 현관을 쳐다본단다!

성인이 되어서도
변하지 않은 게 있다면

부족한 나를
보고도 언제나 변함없이
"아빠"라고 불러주는구나

하여 눈물이 핑 돌 정도로
딸에게 감사하고 사랑한다. 아가!

아가! 좋은 인연을
만나 끝없는 행복 누리고
눈부신 노을 속 기러기처럼 아름다운 아가이기를……

야화夜花

밤은 깊어가고

누군가를 유혹하듯

진한 향기는

밤바람에 흩어지나니

깊은 밤

달을 바라보며

달을 따라

꽃잎을 활짝 피웠네

그 향기 그 힘으로

수줍은 듯 별들과 사랑을 속삭이고

밤이 되면 본색을 드러내며

아침이 되면 시침을 뚝 떼는

소리 없이 미소 머금은

그대는 밤에 피는 야화(夜花)

제사祭祀

오늘은 잔칫날
백색의 영혼들이여

이 술 한잔 받으소서!

정성 들여
올린 주안상 즐겁게 드시고

하객 없다
슬퍼 마시고 두루두루 살피소서!

북망산천
술 한잔 나눌 벗은 없으나

그래도 오늘만은 당신 곁에 머물고 싶구려……

이발理髮

한 달에
한 번씩 미용실에서

짧게
잘라주세요 딱 한마디 하고

십여 분가량
눈을 감고 있으면 그만이다

환갑이
눈앞에 와 있는 지금

모진 세파에 밀려
몸은 여기저기 고장 나고

한 해 동안
열두 번에 머리를 잘랐으니

지금까지
칠백여섯 번 정도 머리를 잘랐구나

앞으로 스무 해를
지상에서 머물 수 있다고 치면

머리를
이백사십 번 더 깎는 걸로

내 인생은
종착역에 닿을 것이고

잡을 수 없는
세월은 성큼성큼 달아나니

그냥 오늘 하루를 선물 받은 것처럼 살아가세.

친구의 영역

친구의 부고를 알리는 문자 한 통
순간 온몸에 전류가 흐른다

몸은 바르르 떨리고 열기는 온몸을 휘어 감고
심장 박동수는 급격히 요동을 친다

친구로-
한 가정에 가장으로-
남편으로-
아이들의 아빠로-
잘 있으라는 말 한마디 없이 그렇게 홀연히 떠나가나?

황망함에 하루종일 마음이 착잡하다
옛 추억이 주마등처럼 스쳐 가고
통곡하는 가슴 얼마나 더 아파야 하는가!

희로애락을 함께한 아내도 자식들도 친구도 어느 누구도 대신
할 수 없는
고통과 두려움을 혼자 감당하며
모든 걸 내려놓고 가는 친구여!

북망산천
멀어 보여도 문 턱밑이 황천이요
앞동산이 저승이라 했거늘!
북망산천 가기가 그렇게도 바쁘던가?

이보게 친구!
잘 가시게--
고통도 눈물도 없는 친구의 영역 하늘나라에서 편히 쉬시게--

수의壽衣

기나긴 세월(歲月)
삶의 뜬구름 여행은 멈추고

이승에서
애써 모아 두었던 소중한 것들과

내 몸같이
사랑했던 나그네의 추억들!

이 모든 것들과 영영(永永) 작별을 하고

마지막으로
떠날 때 걸치고 갈 옷에는

주머니가 하나도 없음을 기억하네!

죽음 너머까지
가져갈 수 있는 것 아무것도 없음을 기억해 본들

구박 덩어리 누구의 정(情)이 잡아줄까

떠나는 정(情)
끊어지면 이 얼굴도 잊을 텐데

가려거든
어서 가세 저 울음 믿지 말고

세월(歲月)도
꿈인 듯 내 앞에 와 있으니

깨우칠 수 있는 마음 식지 않게 하소서!

친구親舊

삶에 발걸음
한없이 무겁고 크지만

나이에 상관없이
자유로운 마음으로

소년 소녀처럼
예쁘게 사랑하며

창문에 맺힌 빗방울이
맑은 수정처럼 보이듯이

친구들 또한
내 곁에 머물길 바라면서

대지를 촉촉이 적시는
보드라운 봄비 수만큼

친구들이여!
카르마의 기쁨이 넘치도록 하소서!

;곡;哭

내 잠들면 그대들 무엇 할꼬!
세척이 다 된 참회의 속세에는
떼어내기 중력 하나.

버티고!
버티고!

귀천 길 재촉하는 천둥은
찢어지는 가슴 소리로 울 오라 하지만
삶은 언제나 고마움이었으리

벗이여!
잘 있었는가?
잘들 사시게나!

오늘 아니면 내일--
곡소리 하늘 구멍 뚫을 때--

이생에 “나”

또 다른 “나”가

북망산천 주안상에 함께 하리니--

우리같이 마주앉아 영혼주 한잔하세--

가을 새벽안개

새벽안개
넘나드는 가을 아침

간밤에
얼마나 울었는지
짙고 두터운 안개가 내렸구려

안갯속에
묻힌 가을 아침이
여명을 열고자 안간힘을 쓰고

눈 감고도 가는 길을
오늘은 눈뜬 장님이 되어
감각을 더듬으며 가야 하니

새벽
안개는 가을 아침을
내어줄 생각이 없는 것 같구려

흰 구름
가을바람에 흩날리고

안갯속 햇살이
여명으로부터 아름답게 피어오르길…….

영혼靈魂

세
상이 좋아서
태어났더니 죽음이 있구려!

영
혼의 열정은
믿음으로부터 오고

금
잔디
사이사이 할미꽃 피어나니

무
덤 속 어둠에
검은 연민이 몸을 뒤척이네

무
덤 앞
빈 막걸리병 휘파람 소리는

내면

깊숙이 들려오는

영혼의 울림이 아닐는지!

검은 그림자

골목길에
검은 그림자 홀로 나를 따르네

그림자는
세상에서 가장 낮은 자세를 하고 있고

그림자는
더위에 지친 사람들에게 쉼터이며

그림자는 자신의 모습을
자유자재로 하는 탁월한 재주꾼이구려

그림자는
어두운 곳에서 자신을 드러내지 않으며

그림자는
나와 동병상련(同病相憐)하며 평생 함께할 것이니

검은 그림자는
훗날 내 손 부여잡고 소풍 길에 동행하겠지?

한탄가

세상사
참으로 어렵소

질투와 시기
억지가 난무하는 세상

부족한
이해심 이 부른 또 다른 세상

깨달음이
있다 하나 아직도 공치사

번뇌는
절망보다 깊어만 가고

이기심은
실상의 빛을 가려 버렸으니

하늘이시여!

자기 성찰은 언제쯤!
이 가슴이 새 가슴인가 보구려……

가을

하
늘
엔
갈바람 단풍잎 날고
수면 위엔 잔물결 아른거리네

바
람
에
실려온 단풍잎
오색 뱃놀이 즐거우나

피
리
소리
계곡에 은은하니
고독이 내려 그리워지는 계절

해

기

우는

만추의 어두운 장막은

실개천따라 빨리도 내리는구려

그대여! 미치도록 행복하소서!

빅토리아 연꽃

진흙 속에 내린 뿌리
마음 깊은 곳 정화시키고

연꽃의 줄기는
유연함을 갖으라는 것일께야

어둡고
황막한 세상
연꽃처럼 살라는 것이고

고결한
그대 모습에
주변 꽃들이 고개를 숙이니

천륜 지정
어루만진 효녀 심청

칼바람에
연꽃 타고 환생하여

기도 소리
기억하고 눈물로써 응답하니

사랑 머금은 친구들이여
빅토리아 연꽃처럼 살게 하소서!

삼강주막三江酒幕

오백 년 수령의
거대한 회화나무

주모의 희로애락(喜怒哀樂)
주막의 일희일비(一喜一悲)를 말해주듯

묵 향을
술잔에 띄우는 삼강주막!

입속의 군침은
낙동강을 따라 흘러간 지 오래

막걸리를 향한
나의 포도청이 마중을 나올 판이네

인적 끊긴 외로운 주막
시대의 마지막 여인이여!

주모! 이 눈물로 술 한 병 담아주구려!

겨울나무

앙상한 나뭇가지
어미손 부여잡고

기나긴 겨울이
시련(試鍊)을 줄 지라도

그냥 말없이
생명을 보듬어 품고서

미동도 하지않는
쓸쓸한 겨울 나무들!……

칼바람에
몸은 시리어도
울지 않으리 떨지 않으리

간절한 희망은
생명의 힘이되어

봄이 되면

연초록 새 순으로

그대들의 가슴에 희망이 되어 드리리…….

마부위침磨斧爲針

도끼를 갈아
바늘을 만들듯

무수히
고통을 겪어야
삶의 질이 깊어지고

나무도
거센 눈보라와
세찬 비바람에도 잘 견뎌주니

연초록
나뭇잎도 비로소 단풍물 들이네!

인생(人生)에도
거친 풍랑(風浪)이 없으면
너무도 허망(虛妄)하지 않는가?

끊임없는 노력(努力)과
끈기있는 인내(忍耐)로써

사랑의 결실을 맺었으니
이 얼마나 행복(幸福)한 일인가
아마도 이곳이 우리의 천국(天國)인가 하노라!

꽃과 사람

꽃은
흐드러지게 만개(滿開)하고

사람은
인산인해(人山人海)를 이루고

사람이 꽃을 보고 웃는지
꽃이 사람을 보고 웃는지

꽃은
잠시 피었다 지는 것이요

인생은
꿈을 꾸다 깨는 것이니

꽃이나 사람이나
닮았다는 생각이 드는구려

해는 뉘엿뉘엿
노을로 접어들고

내 머리에
서리가 내리고 있으매

이제 내 나이 오십 고개
칠부 능선에 올라서 보니

삶이 무엇인지
조금은 알것 같구려

그리운 사람 그리운 사랑 그리운 날들…….

노심초사勞心焦思

깊어가는 밤
반짝이는 별을 보며

담배 한 개비 입에 물고
긴 한숨과 뿌연 담배 연기 속에

아들의 모습이 떠오르네
인생살이에도 세찬 소나기가 있거늘

왜 나는 아들 뒷모습에
언제나 기도를 하는 것일까?

왜 나는 아들을 부를 때마다
이토록 간절해지는 것일까?

왜 이렇게
강물은 끝도 없이 흘러만 가지?

잡으려 해도
부질없이 지나간 시간들

노심초사(勞心焦思) 모든 것이
조급해짐은 어찌할 수 없구려!

아들아!
두꺼운 얼음을 깨고 새싹이 돋아나듯

긴 잠에서 깨어
저 하늘을 향해 힘차게 날아 보거라!

촛불

어둠 속

나를 태워
그리움의 불꽃을 피우고

불꽃 속

심지는
내 가슴 타들어 가지만

기쁘게

나를 태워
빛을 밝히니 어둠은 사라지고

뜨거운

눈물로 누군가
내 빛에 행복(幸福)해지리…….

개구리들의 합창

연이어 봄비가 내리더니
오늘은 화창한 햇살이다

모내기하기에
적절한 시기와 날씨

해는 뉘엿뉘엿
산허리를 넘어가고

어둠이 짙게 깔린
들녘에서는 시원한 바람과 함께

개구리들의 합창이 울려 퍼지네
개굴 개굴 개굴 개굴

어둠 속 개구리 노랫소리에
발걸음 가벼워지고 기분도 상쾌해지니

개구리들의 노랫소리는

어릴 적 고향에 소리요
어릴 적 추억이며
어릴 적 향수에 젖어들기에 충분하다

포근한 소리
정감있는 합창
개굴 개굴 개굴 개굴…

귀 쫑긋 세워 가까이서 들어보니
나도 개구리들과 같이 합창을 하고 있는 게 아닌가?

개굴 개굴 개굴 개굴…

낙엽

가을이 깊어 갈수록
낙엽은 때를 알고 있구려

부여잡은
어미 손을 놓는 순간

바람에 날리어
땅 위에 흩어지나니

낙엽을 밟으면
지난날 추억이 가슴에 스며들고

바스락바스락
심장에 생기가 도는 소리

한 줌 주워
성냥골 그어보니
낙엽의 향이 코끝을 스치어가네

타버린 낙엽은
또 다른 생명의 원천이고
거부할 수 없는 자연의 순리인 것을

그것을 아는 자
세상에 아름다운 꽃으로 다시 태어나소서!

가을바람

청명한 가을 하늘

가을의
신선한 바람에
은은하게 전해오는 솔 향은
기분까지 상쾌하게 하는구려

나무들도
신선한 바람에
한잔했는지 붉은 잎은
하루가 다르게 짙어만 가나니

마음의 휴식이
산 그림자처럼 드리는구려

사르륵 사르륵
들릴 듯 말듯 낙엽이 소리를 내며
가을 편지처럼 가슴에 날아드니

화려한 삶 보다
빛나는 삶을 살라는
가을의 전언(傳言)이 아닐는지!

버려야 할 것이 무엇인지
그것을 아는 자 가장 아름답게 불타리라!

금빛 물결

황막한
대지(大地)는
푸르름이 이어지고

쇠백로
짝을 지어
갈바람 타고 사랑을 속삭이네

푸르던
대지(大地)는
어느덧 금빛 물결을 이루고

노을이 빨간지
고사리손 꼬물대는

고추잠자리가
빨간지 알 수 없지만

모두가
무르익었으니

나락에
살포시 앉아

저녁노을에
잠시 쉬어가면 어떠하리!

눈물

어
릴
적

어머니 눈물 보았네!
아파선지 슬퍼선지 알 수 없어도

소
리
없
이

흐느끼던 모습 보았네!
왜 우셨는지 지금도 알 수 없지만

이

눈
물
이

그 눈물 같아 서글퍼지네!
내 마음 그대의 심금(心琴)을 울리니

새벽녘
이슬 머금은 한 송이 들꽃처럼
그리움을 가슴으로 사랑하게 하소서!

비련悲戀에 여인

한 남자를 사무치게 그리워하던 여인

평생을 한 남자만 마음속에 품었던 여인

가련하게도 자신을 돌아보지도 않고

오로지 한 남자만 바라보던 여인

그 남자의 아내까지도 사랑하던 여인

그 남자의 자식들까지도 사랑하던 여인

한 남자는 이 여인을 끝내 외면하나니

흐르는 세월에 그 여인 사무치게 그리워지네

가엽고 그리운 여인 나의 어머니!

당신의 가슴에

눈물로 핀 꽃 송이를 달아 드립니다

비와 영혼

평온을
머금고 내리는 비는

벌거벗은
영혼의 가슴을 적시고

막걸리
한 사발에
서글픔이 흘러내려 영혼이 깨어나네

비에 젖은 함박꽃
수줍은 듯 고개를 숙이고

비와 함께
세상을 적시어
사랑을 꿈꾸고 따듯한 손길을 보내니

아직
살아 있음을 느낄 때
이유 없이 가슴속 깊이 눈물이 흐르는구려.

빈손

우리는
빈손으로 와서

때가 되면
빈손으로 가는 것

어느 손은
움켜쥔 손이고

어느 손은
텅 빈 손인 것을

삶의 무게에 따라
제각기 다른 손을 가졌구려!

인생은
돌풍 속에 깃털인 것을

구름처럼
흘러 빈손으로 가야 하기에

문고리
잡는 날 그도 알 것이야

그대들은
어떤 손을 갖고 싶은가?

텅 빈 손인가? 움켜쥔 손인가?

아내의 발

새벽
잠 설치다가

잠자는
아내의 얼굴을 보니

삶의
여운이 묻어 있구려

이불 밖으로 나온
이백사십 밀리의 작은 발

젊을 땐
곱기도 하더니만

삶의 무게만큼이나
굳은살이 곳곳에 박혀 있구려

가족의 행복을 위해
긴 세월 무던히도 걸었나 보다

아내의
가슴앓이 상처가

새벽부터
내 가슴 짓누르니

여보! 미안해요 사랑해요
아내의 발에 입을 맞추고

작은 발에서 온기를 느끼니
사랑스런 아내를 더욱더 사랑할 수밖에 없구나!

아침노을

찬란한
아침을 열고자
대지는 침묵을 유지하고

동녘 하늘
여명이 열리니
아침노을이 붉게 물들어 오르네

까치도
노을을 즐기며
노래하니 산정에 울려 퍼지고

둥근 불덩이
가슴으로 안으니
세상은 온통 눈부신 보석이구나

순결한 빛이여!
순수한 색이여!

세상이 밝고
아침이 빛날 때
행복은 모두에게 절정을 이루니

아침노을이여! 고마우이!

달력

순백 속에
반복되는 숫자들의 배열

새 달력이 나오면 먼저
기념일에 동그라미를 그려본다

그렇게 시작된 너와의 만남

과거를 버리고 미래를 품어보고
절망을 잘라내고 희망을 걸어보고

기억해야 할 것 마음 깊이 새기고
잊어야 할 것 까맣게 잊어버리듯

이별은 버리고
새로운 만남을 기대해 본다

지나간 시간들은 희로애락을 남겨놓고
두툼했던 달력이 한 장 한 장 찢겨져 나갈 때면
쫓기듯 마음이 조급해짐은 어찌할 수 없구려

삼백예순하고도 다섯 밤의 사연들이
숨죽이며 잔잔히 흘러가고 있다

약속하고도 무심하게
그렇게 달랑 한 장 남아있는 달력!

사랑도 미움도 기쁨도 슬픔도
스쳐 가는 바람에 머물지 못하듯

시간은 스쳐 가요 바람같이……
세월은 흘러가요 구름같이……

여보! 아프지 마

동지섣달 칼바람에
찬 서리 내리는 이른 아침

걸을 수 있을 때
움직여야 한다며

옷깃을 세우고
작은 발걸음을 종종 내딛는 당신

세월은 흘러 흘러
세상에서 가장 가까운
사람으로 만난 우리 부부

여보! 아프지 마!

가족이란 울타리가 없었다면
마음 놓고 며칠 푹 쉬었을 텐데

젊을 땐
그렇게 푸르더니만
이제 머리에 서리가 내리는구려

힘없이
걷는 당신 뒷모습에
아픔이 쓰나미처럼 밀려드니

여보! 아프지 마!
당신이 아프면 가족 모두의 슬픔이야

여보! 아프지 마!

저녁노을

저녁노을
속으로 기러기 날아들고

햇볕 부스러기
바다로 서서히 빠져드니

하늘은 핏빛으로 물들어 가는구려

붉은빛으로
반짝이는 바다를 보니

세상 모두가 한잔술에 취했나 보다

먹구름
서서히 모여드니

황홀한 노을이 뻘 밭을 일구고

하늘은
저무는 태양의

마지막 각혈(咯血)로 물 들어가네

지는 노을도
가슴 아리도록 어여쁘게 보이니

이제 나에 생(生)도 지는 노을인가?

노을
뻘밭이 그리운 건

인생의 끄트머리에 달려가고 있음이 아닐는지…….

코스모스

가녀린 몸으로
단아한 모습을 갖은

코
스
모
스

강한 비바람에도
부드러움을 잊지 않는 나의 고향이고

세월의 바람에 흔들리면서도
목 길게 끌어안는 나의 고향이기에

가을을 가슴으로
느끼게 하는 일곱 색깔 무지개 같으니

코

스

모

스는

미소를 머금은 어릴 적 친구고
친구들의 모습을 닮은 나의 고향일세

꽃

은

나비를 부르나
꿀을 얻지 못하느니

친구들이여!
오늘도 여유로운 사랑 나누소서!

해바라기 꽃

샛 노오란 얼굴로
사랑을 밝히는 해바라기 꽃

햇살이
뜨거운지 해바라기 꽃의
아름다움의 열기가 뜨거운지 알 수 없으나

어머니의 품처럼 마음도 푸근하구려

큰 머리를 추켜들고
햇살을 따라 고개를 돌리면서

사방을 기웃거리며
오지랖이 넓기도 하구나

겉으로는 환한 웃음을 머금은 동그라미 꽃

가녀린 몸을 곧추세워
단 한 송이 꽃을 피우기 위해

험난한 고통의 수만큼
까맣게 타버린 알갱이들!

여린 몸은
유연함을 갖으라는 것이고

사랑을 하려거든
온 생명을 던지라고
가느다란 여린 몸으로 일깨워 주는구려!

향어香魚부인

수면 위에
떠오른 고요한 달빛과
밤하늘에 작은 별들의 속삭임들

어둠 속 캐미라이트는
별이 되어 하늘로 떠오르고

본능적 챔질에
연질대 휘어지며 손 떨림 이어지네

순간
고요한 적막은 부서지고
향어부인 고개를 내밀며 눈웃음 짓는구나

부인 미안하오!
애처로운 눈빛에 방생하니

향어부인 미안했던지
잠시 후 잉어부인 보내 주는구려!

허허

내 이러다 용왕님 용안(容顔)까지 뵙게 될까 두렵소!

화장터火葬

저
승
도
자본의 위력 앞에
속수무책이구나

죽
은자들이
살던 곳은 산 자들의
주택자본에 점령당하고

죽
은자들은
납골땅이라는 저승 시장에 급속히 편입되었구려

화장터
대합실은
그들의 숭고한 영역이고

화장터
굴뚝에서
새로운 영혼이 시작되니

죽음은 죽음을 추억하지 아니하고

오
직
삶이 죽음을 기억할 뿐인 것을…….

호수

호수에 떨어진

둥
근
달

잔물결에 흩어지고

갈
바
람에

흔들린 호수 별들을 잠재우나니!

저
멀
리 들리는

종소리는 새벽을 알리고

왜
가
리
울부짖음에

고요한 적막이 부서지니

밤
낚
시 즐기는 조사님

심기(心氣)가 하늘을 찢어 놓았네!

감사하는 기도

제게 생명 주심을
진실로 감사 드립니다

생명은 세상에서
가장 값진 선물이기 때문입니다

제게 눈을 주시어
아름다운 삶을 볼 수 있게 해 주심을 감사드립니다

제게 귀를 주시어
아름다운 삶의 소리를 들을 수 있게 해 주심을 감사드립니다

제게 혀를 주시어
삶의 쓴맛과 단맛을 느낄 수 있게 해 주심을 감사드립니다

제게 코를 주시어
살아 숨 쉬는 것이 더없이 큰 행복이기에 감사드립니다

제게 손과 발을 주시어
인생 여행을 다닐 수 있게 해주심을 감사드립니다

아직은
인생이 서투르고
기쁨과 슬픔은 잘 모르지만

높고 푸른 하늘에
흘러가는 흰 구름을 보면
삶이 무엇인지 답을 알 수 있기에 감사드립니다.

딸에게

아가였던 네 모습
아직도 눈에 삼삼 하구나

영영 내 품속에
아가로 있을 줄만 알았는데

시간은 소리 없이 흘러
예쁘고 단아하게 꽃 피워가고 있으니

'아빠'로
시작된 딸의 밝은 목소리는

밤하늘 은하수처럼
언제나 맑은 나의 생명수이고

어엿한 숙녀가 되고서도
변함없이 아빠인 나를 좋아 하나보다

가까이 있을 땐 작은 손으로
나의 어깨를 주무르며 하루를 이야기하고

딸의 작은 손으로부터
온기를 느낄 때면 나는 스르르 눈이 감긴다

자나 깨나
가슴속에 있는 꽃 아름다운 꽃

그분께서는
딸을 더욱더 아끼고 사랑하라고

내게
'아빠'라는 멋진 이름을 주셨나 보다.

정년퇴직

힘들 때도 있고
다른 길로 가고 싶은 마음도 있었고
또한 유혹도 많았으련만

인내하고 마음을 다스려
애오라지 한길로 매진한 인생

기업의 이익 집단 속에
어느덧 정년을 맞이하였구려

그래도 월급봉투 덕분에
아빠라는 호칭만은 유지하였는데

이제 꽃잎에 청춘이 떨어지고
흐르는 눈물은 얼음처럼 차가우니

고통은 가슴속으로 파고들고
사회는 인위적으로 나를 노인으로 만들었네

한때는 신나게 고속도로를 달렸건만
이제는 비포장 길을 만나 인생이 덜컹거리니

자아실현(自我實現)을 외치는 아내와
아빠의 참견을 원치 않는 자식들만 남았구려

차라리 지금
꿈을 꾸고 있는 것이라면 얼마나 좋을까?

비워야만 가득히
받을 수 있는 것이 우리의 삶인 것을

가야 할 때가 언제인가를
분명히 알고 가는 이의 뒷모습은 얼마나 아름다울까?

인생人生

인생(人生)은
술잔을 채우고 비우는 것

잘나고 못나도
스쳐 가는 바람에 머물지 못하며

한 방울 눈물 없이
살아가는 인생(人生)이 어디 있으리!

인생(人生)이 길든 짧든
하늘은 다시 푸르고

바람에 실려
허공 속에 춤을 추며
멋지게 생을 마감하는 낙엽처럼

인생(人生)은 깨끗이
빈잔 빈손으로 돌아가는 거야!

상처

가랑비
오락가락 마음을 적시고

젖은 마음은
임에 눈가에 슬픈 비로 흐르네

작은 눈물 닦아주려
하얀 손수건을 내밀었건만

아파서 흐르는 눈물
무쇠처럼 무겁기 그지없구려

울타리에
갇힌 고라니
다리 절며 피투성이 되었고

어찌하여
마주친 눈빛
애처롭기 그지없으니

그 눈빛은

지난날 나로 인해

상처받은 이들의 눈빛이 아닐는지……

소주와 인생

소주는 말없이 전해주는
소중한 나의 인생 교훈이다

첫 잔을 입안에 털어 넣으면
쓴맛이 목줄기를 타고 내려가고

이따금 단맛일 때도 있지만
십중팔구 쓴맛이구나

인생길에도 기쁨의 꽃길이 있지만
근심과 슬픔에 골짜기가 더 많지 않은가

소주의 쓴맛도 조금씩 받아 드리니
서서히 단맛으로 길들여지고

단맛 쓴맛 모두다 포용할 줄 아는
희로애락의 인생살이

소주 한 병을 음미하며 마셔보면
여덟 송이의 꽃을 피울 수 있지 않는가

하여 소주는 말없이 전해주는
소중한 우리의 삶이다

세월따라 인심마저 변했어도
소주는 한결같은 모습과 향기로

만인의 영원한 벗인 것이다!

할미꽃

양지바른
선영 무덤가에

분화장 곱게 하고
다소곳이 자리 잡은 할미꽃 한 무리!

할미꽃의
하얀 술의 수만큼

지나온 세월의 역경을 보여주고

싱그러운
봄바람 소리는 사랑가로 이어지네

보랏빛 꽃봉오리
수줍은 듯 고개를 살며시 떨구니

향긋한 풀 내음 코끝을 스미어 가고

그리움에 지친 영혼이
내 이마를 짚어줄 때까지

할미꽃은 영원한 할미꽃이고 싶어!

봄향기

자
연
과

더불어 삶에
활력소가 되었으면 좋겠네

초
록
이 짙은

향기를 내음 하며
피톤치드 산소와 음이온 속에서

이

화
사
한 봄날

솜털 같은 마음이
진한 봄꽃 향기 속으로 이어지기를…….

여정旅情

때 되면 피는 꽃
때 되면 시드나니

날으던 새도
눈길 한번 안 주는구려

내 귀에
시계 초침소리 커져만 가고

앞만 보고
달려온 인생 주름살만 더 해가네

주름살 먹여
키운 자식 내 맘 몰라라 하니

여보게! 사진사 양반
이 내 얼굴 찍지 말고

변함없는
이 마음 좀 담아 주구려!

생라면

보릿고개 시절

라면의 맛을
잊을 수가 없구나

없는 사람이
먹으면 주식이고

있는 사람이
먹으면 간식이었던 시절

무시로 흘러온 세월
삶은 꼬불꼬불해야 제맛이지

라면도
사람처럼 이름이 참 많구나
O라면 O라면 O라면 생라면……

그렇다 '생'은 라면이다
후루룩 후루룩 후루룩……

깊은 밤 그대와 함께 '라면'

그대의 사랑이
기막히게 쫄깃쫄깃하구려!

생일生日

흐르는 시간 속에
소중하고 고귀한 한가지

그건 당신의
귀한 가치와 보석 같은
아름다운 사랑이라 생각하오

강산이
여러 번 바뀌고

긴 세월이
바람같이 흘렀지만

사철나무처럼
항시 내 곁에 있는 당신!

내 가슴속에 꽃

꽃보다
더 아름다운 꽃이
사시사철 피어 있어요

오늘 세상에서
기막히게 행복한 사람이
바로 당신이기를 바라면서

온 세상을 모두 당신께 드립니다! 사랑합니다.

새옹지마塞翁之馬

산전수전(山戰水戰) 겪고
이제서야 찾은 인생(人生)길

지식은
알아도 남의 것이고

지혜는
몰라도 내 것인 것을

자기 성찰(省察)을
통해 얻은 깨달음이여!

사랑의 향기를 뿌려
꽃과 벌과 같은 관계가 이루어지듯이

사랑하는 것이
삶에서 가장 으뜸이 아닐는지

조심스럽게 질의(質疑)하면서
그것을 아는 자 그지없이 행복(幸福)하소서!

낙엽 한 장에게

가을바람에 춤을 추며
가벼이 홀로 떠나가는 너

너는 낙엽으로 한철 살다 가고
나는 사람으로 한세상 살다 가고

겉으로는 달라 보여도
너랑 나랑 비슷하지 않은가?

너에게서 내가 보이고
너의 죽음에서 내 죽음이 예감되니

짧지만 멋지게 살다가는 너를
나는 얼마나 닮을 수 있을까?

가지와 이별하는 순간
하나의 획을 그으며 그렇게 떠나가는 너

나도 떠나가는 그 날
너처럼 멋진 획을 그을 수 있을지!

보내야 할 가지……
떠나야 할 잎새……

7번 국도

아내와 함께 떠나는 7번 국도 여행길

바닷물은 출렁이며
파도가 춤을 추고

아침노을은 넓은 바다를
금빛으로 물들이네

갈매기들의 현란한 날갯짓은
생명의 꽃이구나

구름은 소리 없이 흐르고
삶의 시련과 고달픔은 파도에 부서지니

항구에 닻을 내린 어선들은
넓은 엄마 가슴처럼 마음도 평온하네

구름이 그린 동해 바다의 하늘은
변화무쌍함을 지녔기에

모든 것이 낭만적이며 운치가 살아 숨 쉬는
7번 국도

아내와 함께 한곳을 바라보고 있다는 것은
정말 행운이고 행복이구나

동해 하늘 아침노을처럼
우리 부부의 사랑이 붉게 타오르니

아내의 작은 손을 잡고 붉은 노을 속으로 걸어 봅니다.

죽음의 묵상

노을이 스쳐 간 시간
오랜만에 친구 부부를 만났다

친구 아내는
따듯한 차를 내주었고
우리는 많은 담소를 나누었지

사십 대 젊은 나이
위암 말기에 그녀는
마지막 모습으로 그렇게 막을 내리고

죽음 앞에
그저 숙연 해지는 마음뿐이구나
생명에 온기가 떠난 쓸쓸한 그녀의 자리

죽음!
지금도 성큼성큼 다가오고 있을 너

죽음이라는 이름 말고는
너에 대하여 아는 것이 없구나

언젠가 한번은
꼭 이루어질 우리들의 만남!

내일은
내가 세상에 없을지도 모른다

인생은 한해살이 들꽃이고
잠시 꿈을 꾸다 깨는 것이거늘
저 강물처럼 우리는 그렇게 흘러가는 거야!

몸과 영혼

감정과 이성을
동반하는 인생살이

아내와
손을 잡고 걸으면
둘의 따스한 온기와 함께

둘 사이의
거리가 금방 좁혀집니다

아내의
맑은 눈과 마주치면
나의 때 묻은 정신이 금방 정화됩니다

아내와
발을 맞추어 걸어보니
금방 동심으로 돌아가고

깊은 밤 자고 있는
아내의 몸을 가만가만 토닥이면

잠결에도 아내는
내 팔베개 속으로 들어옵니다

아내의 몸을 통하여
나는 더욱더 아내를 사랑하게 되고

둘의 몸은
날로 낡아지더라도
우리의 영혼은 조금씩 조금씩 깊어 갑니다.

6월의 시

창문 넘어
매일 보는 초록 이파리들

모양도
크기도 다양하구나

봄바람 맞으며
밤낮없이 짙어만 가고

이따금 세상살이
모진 바람 불어온대도

시간과 공간 넘어
어느 틈에 눈부신 진초록에 닿아있네

가슴속
항아리에 소복이 담긴

나의 삶
나의 멍에 나의 사랑도

저 싱그러운 진초록처럼
영원한 생명의 빛으로 물들어 가기를…….

시인 예수

멋진 남자
예수 그리스도

과학자도 철학자도
예술가도 아닌 그 사나이

바람처럼
스쳐 가는 삶을

영원한 삶으로
열어준 멋진 사나이

흘러가는
구름을 노래하며

들에 핀 들꽃을
노래한 시인 예수 그리스도

욕심 없이
가진 것 없이 사랑으로 살다가

가장 낮고
천한 자리로 오신 예수여

온 세상을
끝날 그 날까지 가슴으로 안고서

십자가에 못 박혀
붉은 보혈의 꽃으로 활짝 피었네

시처럼 살다가
부활한 영원한 예수여

사나이 중의 사나이
나를 시로 잡은 시인 예수 그리스도여!

빈 잔

무거운
짐만 지고 가는
고달픈 나그네여

마음에
문을 굳게 닫았구려!

짧고도
허망(虛妄)한 세월(歲月)

흔적만
가슴 깊이 달고 갈 텐가

제 무덤 위를
넘지 못하면서

동화 속 주인공처럼
그렇게 생을 마감하려는가?

어차피 짊어진 짐
웃어도 백 근 울어도 백 근

그대 서러움을
나에 빈 잔에 채워 주구려!

무제無題

엄동설한(嚴冬雪寒)

칼바람에
거목(巨木)들도

무거운
짐을 내렸구려

칼바람이
뼛속에 스며드니

이 몸도
무거운 짐을

벗을 때가 되었나 보오

붉은 해
바닷속으로 잠길 무렵

나는 어디로 가는 걸까?

흰 눈이 펑펑

흰눈이
펑펑 하염없이 내리고

마음은
솜털처럼 가벼워지니

흰눈은
나이를 잊게 하는구려

산에도 들에도

지붕과 마당에도
장독대에도 소복이 쌓이는 눈

하늘에서 바람을 타고

살랑살랑
획을 그으며 내리는 눈

입을 벌려
눈을 받으려 나도 획을 그어본다

나만의 발자국을 남기고

순이에
얼굴도 그려보고

동심으로
눈사람을 만들며 눈 위에 굴러보니

뽀드득 뽀드득 흰 눈은 참으로 포근하구려!

엄 니

꽃 피고
잎 지는 세상이라

흙에 난 사람이
늘 하늘을 꿈꾼다마는

이 좋은 술상을 놓고
또 어델 가자 술주정을 하는가

엄니!
그립고 한없이 보고픈데

여윈 낮 하늘에
저 달이 허옇게 떠 가네요

새끼손가락 걸며
오래도록 함께 하자고 약속했는데

그 약속을
지키지 못하시고
그렇게 홀연히 엄니는 가셨는지요

덧없이
떨어지는 엄니의 꽃
물같이 바람같이 흐르는 세월 속에

엄니가 있는 곳 그 어데든

좋은 향기가
늘 가득하시길 눈물로써 기도합니다.

백설白雪

바람에 실리어
백설(白雪)이 내리고

모든 것이
하얀 세상으로 바뀌어 가네

눈은 소리 없이
나뭇가지 위에 내려앉아

모든 영혼의
슬픔을 달래니

시린 가슴
눈물 되어 한없이 흐르고

지난 것은
모두가 추억으로 남으리!

영혼이
들락거리는 것은

지난날을
기억하지 말라는 것이니

눈 내리는 이 밤이 그리도 포근해지는구려!

목련 (북향화)

북쪽 사내를
사랑하는 하늘의 공주

이룰 수 없는 사랑에
슬픈 눈물 보이지 말아요

때가 되면 어김없이
피어나는 탐스러운 목련 꽃

봄의 전령사답게
우아한 자태를 뽐내고

달콤한 로맨스처럼
풍기는 향도 기막히구려

끝없는
사랑이 한결같으니

임 그리워
꽃망울이 북쪽을 향하고

아기
손바닥만 한 꽃잎으로
사랑을 갈구하지만

세상에
영원한 것이 없으니
안쓰러운 마음 봄바람이 어루만지네!

친구의 별

별 들의
바탕은 어둠이다

밝음 속에서는 보이지 않는 별

내 몸은
땅을 딛고 살지만

나무는
항시 별을 향하고 있다

하늘에만 살던 별을
내 마음속에 품어보니

참으로 아름답고 큰 행복이구나

고마워요!
감사해요!

나를 지켜줄
사랑스런 친구들의 별!

내
북만산천 여행길에

와인을 들고
영원 향을 음미하며

친구들의 사랑은
그렇게 막을 내리겠지

사랑스런 친구의 별 들이여……

외로움이 그리움에게로

스산한 바람이
가슴을 파고드는 날

흘러가는 구름을 보니
외롭기 그지없구려

외로움 속
슬픈 마음에

휴대폰을 뒤적이어도
내 마음 전할 친구가 없으니

외로움이
그리움에게 실려가고

그리움은
우수의 나그네가 되어

·

출렁이는 잔에
와인향과 함께 넘쳐 흐르네

그리움을 아는 자여!

외로움이 그리움에게
그윽한 와인 향기를 전할 수 있도록……

들꽃

실바람 타고
들길 따라 걸어 보니

넓은
들녘에
알 수 없는 들꽃들이 나를 반기네

들꽃을
보노라면
마음이 너그러워지는 것 같구나

어제도
오늘도
바람이 불면 바람의 꽃이 되고

비가 오면
비의 꽃이 되어
내년에도 어김없이 나를 반기리!

이름이
없더라도
들이 좋아 들에 살고

들꽃 향기에
나그네의 발걸음 가벼워지니
주인 없는 들꽃은 영원한 들꽃이다!

연리지連理枝

해와 달처럼
바람과 구름처럼

풍파를
막아주는 방풍림처럼

늘
그 자리에 있는 거목처럼

몸도
마음도 하나 되어
서로 눈빛을 바라보며

말없이
마음이 통하는
당신은 하나뿐인 나의 사랑!

그대의
마음이 하늘 같아서

가슴속 내면 깊이
작은 연못을 이루어 놓고

오늘도 기막히게 아름다운 꽃을 피우리!

■ 연리지 : 다른 나무끼리 가지가 이어져 엉켜 있다는 뜻으로 지극한 효성 또는 돈독한 부부애를 일컫는다.

담배

검지와 중지
사이에 끼인 채
번뇌의 시간이 흐르고

두 입술
사이에서
용암과 함께 재로 떨어져

천 년이 바람에 흩어지나니

내 몸은
허공에
무채색 속으로 스며들어

그리움은 사라져 가네!

흘러간 물은
물레방아를 돌릴 수 없으니

욕심과 번뇌는 모두 다 흙 위에 내려놓고

모든 것은
인연으로 만나고
흩어지는 바람이기에

빈 하늘에 많은 것을 바라지 않게 하소서!

벚꽃

따스한 봄 햇살에 피어나는
아가의 작디작은 손톱 같은 꽃잎

햇살과 바람결에 흩어지는
덧없는 너에 생 덧없이 짧지만

며칠 살아서는
실바람에 몸을 싣고

순순히 떠나가는
너의 모습 더욱더 아름다워라

허공에 가벼이 나는 꽃잎이여
작아도 예쁜 꽃이여

너에 향기
너에 숨결이 내 곁에 가득하고

눈부신 하얀 속살의 벚꽃이
추운 겨울날의 상처를 보상이라도 하듯

봄 햇살에 얼었던 마음이
생크림처럼 녹아내리고

꽃 비가 새날을 손짓하듯
순결한 빛으로 다가오는 영혼처럼

그렇게
영혼의 깊은 뜨락에 지는 아름다운 낙화여!

비 그리고 기도

마음을 씻어주는 비

탐욕과 분노는
세찬 소나기처럼 지나가게 하시고

사랑과 용서는
거센 폭우처럼 일어나게 하소서

세상 꽃과 나무에게는
사랑 지극하게 내리시고

풍요로운
열매를 맺게 하시어
내 귓속에서 노래가 되게 하소서

천둥과 번개
소리에 영혼이 깨어나니

영혼과 양심
소리에 봄비처럼 살게 하시고

모든 이에게
단비 같은 사랑 되게 하시어

내 북만산천 가는 날
일곱 색깔 무지개로 다시 태어나게 하소서!

흙바람

사는 것이
잠속의 꿈이라면

죽는 것은
꿈속에 잠이나니

죽음을 기다리며
풀밭에 앉아있는 나비처럼

너는 흙 위에서
그분은 흙 밑에서 잘 뿐이지

눈물 두어 방울이
내 효도에 전부였으니

죽음이 얼마나
편안한 꿈 인가를 알 수 있을 거야

무덤 속 어둠에
만상이 모두 흙바람이로세!

칠공팔공7080

삼천궁녀 아래
자리 잡은 라이브 난타

추억은 언제나
아름답게 다가와 가슴을 설레게 한다

10룩스의 현란한 조명 빛 아래
경쾌한 사운드가 울려 퍼지고

손에 쥔 마이크는
음정 박자를 무시한 채 나를 가수로 만들었으며

작은 무대의 반란이 시작되었으니
자신감의 희열은 최고의 절정을 이루는구나

칠공팔공(7080)의 시절은
맺힌 한(恨)과 서러움도 많았지만
우리는 본성이 흥겨운 민족이 아니던가

하여!
빛바랜 칠공팔공(7080)은
지난간 시절의 추억이고

문화도 변하고
삼천궁녀도 트랜드가 되었으며

우리네 얼굴에도
턱밑으로 잔주름이 골을 지고 있으니

셀카폰으로 내 모습을 찍어 보지만
내 마음은 담을 수가 없구려

하여
은밀히 열리는 꽃송이처럼
그렇게 우리는 팔공구공(8090)을 준비하면 되는 것이야!

인생과 시간

인생(人生)은
길지도 않고 짧지도 않다

산 그림자도 하루 한번씩
마을로 내려오지 않는가

한해살이 들꽃들도
저마다의 향이 있거늘

나만의 색깔과 향을
갖기에는 충분한 시간이지 않는가

인생(人生)은
화사한 꽃밭을 일구어

알찬 열매를
맺을수 있는 충분한 시간이 있으며

인생의
스승은 오직 자신이고

인생이라는
영원한 숙제 앞에

삶은
가장 작은 조각배지만
가장 믿을만한 스승이 아닐는지…….

고향 생각

녹음이 푸르른

산
책
로

이름 모를
들꽃들은 미소를 머금고

계곡 물
소리는 반주를 하고

갈바람에
나무들은 춤을 추는구려

하늘은 푸르고
마음은 구름이 되어 흘러가고

흘러간 옛 노래를
새가 부르니 이 길이 고향길 아닐는지……!

자연自然

바람은

동쪽으로 부는데

구름은

서쪽으로 흐르는구려

길가던

나그네 길을 잃고 헤매이니

자연의

순리를 따르는 소박하고

샘없는

삶을 누리도록 하소서!……

구름 나그네

바
람없이 걸어가는
나그네가 어데 있으리

꽃
은 피어도 소리가 없고
새는 울어도 눈물이 없으니

하
늘 아래 아기 구름은
엄마 구름 따라 소리 없이 흐르고

군
데군데 구름이
떠 있는 하늘은 더욱더 정겹게 느껴지니

인
생도 흘러가는
저 구름과 같을 건데!

나
그네 구름을 타고
아무 일 없이 흘러가는구려

그대여!
솜털 같은 마음으로 내게로 오소서!

부부의 존재

하늘이라는
텅 빈 허공이 있기에

새들은 행복한
자유의 길을 날아다니지요

조용히
내 곁에 당신이 있기에

나는 늘
복에 겨운 사랑의 길을 갑니다

세상 다하는 날까지
새가 허공을 떠날 수 없듯이

이 몸은
목숨 다하는 그 순간까지

꽃처럼 그림처럼
예쁜 당신과 함께하고 싶어

당신 손에
살며시 깍지를 끼웁니다

당신은 내게 절대적인 존재이기에…….

막걸리

남루한 분위기
은은한 조명빛 아래

막걸리 한잔에
행복한 성찬을 차렸다

벗과 함께 마시는 막걸리 한잔은
인생의 보약이다

세월이 가도 한결같은 맛!

수북이 부어주는 막걸리는
색깔부터 확 다르니
마치 사랑하는 여인의 뽀얀 살결 같다

걸쭉하게
한잔하면서 가슴속 회포를 풀고

우리의 깊은 우정은
막걸리 한 사발에 쌓여만 가니

어쩌면 빈 잔같이
쓸쓸하고 고단한 인생길을

막걸리 한잔의 힘에 기대어 가는 것이 아닐는지!

세상살이
근심 걱정 깨끗이 잊고

욕심 없는 마음으로
가슴속 묵은 때를 이슬같이 맑은술로 닦아내리니

벗이여! 오늘 가볍게 막걸리 한잔 하세.

정자나무

정
자
나
무 그늘아래
세상사 오고 가네

술
은
입으로 오고
사랑은 눈으로 가득하고

술
잔
에 떨어진 눈물
아니 본 듯 마시나니

아

희

야 술잔 가득 채워

라일락 향기 가득 풍기게 하여라……

익어가는 나

단풍들도
술 한잔 했는지
모두가 울긋불긋하구려

홍시보다도 붉고
달 보다 더 진한 물을 들이고

붉은색도
황금색도 아닌
형용(形容)할 수 없는 고상한 빛깔들!

단풍은
가을철 수확을 잊지 아니하고

나무와
나뭇잎 사이로
바람소리 새소리 흘러들 무렵

요요하게

가을이 익어가니

그 모습이 화려한 비경(秘境)이기에

가까이

다가가 보니

내 모습이 그러하지 않는가?

보슬비

오늘

내리는 보슬비

선영(先塋)무덤 찾게 하고

무덤 앞에

무릎 꿇고 앉아

뜨거운 눈물 흘려 보지만

온기 없는

무덤을 녹이기엔

내 눈물 종기에 불과 하나니

마음이나마

선영(先塋)들이여 천상행복 누리소서!

무명시인

새벽잠 뒤적이며

오늘도 시를 쓰는구려

눈 비벼 지난밤

시를 떠올려보니 아희야 어찌하리!

기억도 없어

잠결에 쓰고 또 쓰고

안갯속에 잠겨있는

노을이 여명을 기다리고

망고강산과 적막강산이

만나 화려강산을 꽃 피우듯

언젠가 좋은 시 하나가

그대들의 거문고를 울리리라!

아카시아 꽃

봄비 내리는 아침
어디선가 은은한 향기가
우산 속으로 스며들고

향기를 따라
발걸음 가볍게 움직여보니

봄비에 샤워를 하는
아카시아 꽃잎들이 물방울을 튕기며

뭉실뭉실 향기를 피워
나를 유혹하고 내 몸을 휘어감네

상큼하면서 오묘하고
오묘하면서 은은한 향기를 지닌 꽃

내 몸은 향기에 취해 눈이 감기고
입가에 미소가 잔잔히 흐르는구려

하얀 옷을 입은
순수한 모습을 지닌 아카시아 꽃

물방울 머금은 꽃잎은
고향에 대한 그리움과
아련한 옛 추억을 떠올리기에 충분하여

지나간 시간들이
향기에 묻혀 솔솔 피어오르고
나의 영혼까지 맑게 하는구려

아카시아 꽃향기!
아름다운 아카시아 꽃 순백의 천사들이여!

가족家族

천륜(天倫)으로 맺어진 관계다

오늘도
아내는 주방에서

딸과 아들은
지금도 한밤중이다

제각기
다른 코드를 가졌지만

눈빛 표정만
보아도 서로를 느낀다

딸은
핸드폰을 손에 쥐고 살고

아들은
역마살에 컴퓨터 자판만 두드리고

아내는
드라마 속 남자 주인공과 사랑에 빠져있고

나는 지금
가족이라는 울타리가 되어 있다

오늘도 금 간곳없는
연약한 하루에 많은 것을 바라지 않게 하소서!

뻐꾸기의 곡비 哭婢

초판 1쇄 인쇄 2017년 09월 01일
초판 1쇄 발행 2017년 09월 07일

지은이 金成南
펴낸이 김양수
표지 본문 디자인 곽세진

펴낸곳 도서출판 맑은샘 **출판등록** 제2012-000035
주소 (우 10387) 경기도 고양시 일산서구 중앙로 1456(주엽동) 서현프라자 604호
대표전화 031.906.5006 **팩스** 031.906.5079
이메일 okbook1234@naver.com **홈페이지** www.booksam.co.kr

ISBN 979-11-5778-237-6 (03800)

*이 책의 국립중앙도서관 출판시도서목록은 서지정보유통지원시스템 홈페이지(http://seoji.nl.go.kr)와 국가자료공동목록시스템(http://www.nl.go.kr/kolisnet)에서 이용하실 수 있습니다. (CIP제어번호 : CIP2017022732)